ICS 01.140
A 14
备案号:43465－2014

WH

中华人民共和国文化行业标准

WH/T 63—2014

视频资源元数据规范

Video resources metadata specifications

2014－01－06发布　　2014－04－01实施

中华人民共和国文化部　发布

图书在版编目(CIP)数据

WH/T 63—2014 视频资源元数据规范/中华人民共和国文化部发布. --北京:国家图书馆出版社,2015.12

中华人民共和国文化行业标准

ISBN 978-7-5013-5757-4

Ⅰ.①W… Ⅱ.①中… Ⅲ.①视频—数据管理—规范—中国 Ⅳ.①G255.73-65

中国版本图书馆 CIP 数据核字(2015)第 292018 号

书　　名	WH/T 63—2014 视频资源元数据规范
著　　者	中华人民共和国文化部　发布
责任编辑	高　爽　王炳乾

出　　版	国家图书馆出版社(100034　北京市西城区文津街 7 号) (原书目文献出版社　北京图书馆出版社)
发　　行	010-66114536　66126153　66151313　66175620 66121706(传真),66126156(门市部)
E-mail	nlcpress@ nlc. cn(邮购)
Website	www. nlcpress. com ——→投稿中心
经　　销	新华书店
印　　装	北京科信印刷有限公司
版　　次	2015 年 12 月第 1 版　2015 年 12 月第 1 次印刷

开　　本	889×1194(毫米)　1/16
印　　张	2.25
字　　数	30 千字

书　　号	ISBN 978-7-5013-5757-4
定　　价	20.00 元

目　次

前　　言

本标准按照 GB/T 1. 1—2009 给出的规则起草。

请注意本文件的某些内容可能涉及专利。本文件的发布机构不承担识别这些专利的责任。

本标准由全国图书馆标准化技术委员会(SAC/TC 389)提出并归口。

本标准主要起草单位:国家图书馆、全国公共文化发展中心、北京大学信息管理系。

本标准参与起草单位:浙江图书馆、四川省图书馆。

本标准主要起草人:李春明、琚存华、段明莲、周晨、邱奉捷。

本标准参与起草人:弓蕴、刘峥、赵悦、陈晔、詹利华、王立平、孙子山、徐志熹。

视频资源元数据规范

1 范围

本标准规定了视频资源的著录单位和著录对象,确立了视频资源元数据规范的元素集及扩展规则,并详细定义了元素及其修饰词。

本标准针对视频资源的内容和外观特征进行规定,针对视频资源的通用性元素进行设计,如需要描述特定类型的元素,可以在本标准元数据框架的基础上进行扩展。

2 规范性引用文件

下列文件对于本文件的应用是必不可少的。凡是注日期的引用文件,仅注日期的版本适用于本文件。凡是不注日期的引用文件,其最新版本(包括所有的修改版)适用于本文件。

GB/T 2659—2000 世界各国和地区名称代码

GB/T 4880.2—2000 语种名称代码　第2部分:3字母代码

GB/T 7408—2005 数据元和交换格式　信息交换　日期和时间表示法

GB/T 18391.3—2009 信息技术　元数据注册系统(MDR)　第3部分:注册系统元模型与基本属性(ISO/IEC11179-3:2003 IDT)

DCMI Usage Board. DCMI Metadata Terms[EB/OL].[2012-10-11]. http://dublincore.org/documents/dcmi-terms/

T Berners-Lee, R Fielding, L Masinter. Uniform Resource Identifier (URI): Generic Syntax [EB/OL].[2012-09-21]. http://www.ietf.org/rfc/rfc3986.txt

Library of Congress. Metadata Object Description Schema[EB/OL].[2012-10-11]. http://www.loc.gov/standards/mods/

3 术语和定义

下列术语和定义适用于本文件。

3.1

DCMI——都柏林核心元数据计划 DCMI-Dublin Core Metadata Initiative

都柏林核心元数据元素集的维护机构。

[GB/T 25100—2010,定义3.1]

3.2

视频资源 video resources

用于存储活动或静止图像的媒体,所记录的视频需用特定的回放设备(如:录像带播放机或DVD播放机等)播放。

注:视频资源既包括用数字信号存储的视频资源,也包括用模拟信号存储的视频资源。

3.3

元数据 metadata

定义和描述其他数据的数据。

[GB/T 18391.3—2009,定义 3.2.18]

3.4

元素 element

元数据集合中用于定义和描述数据的基本单元,由一组属性描述、定义、标识,并允许值限定。

3.5

修饰词 qualifier

当元素无法满足对资源对象的精确描述需要时进一步扩展出的术语。

注:修饰词包括两种类型:元素修饰词和编码体系修饰词。

3.6

元素修饰词 element refinement

对元素的语义进行修饰,提高元素的专指性和精确性。

3.7

编码体系修饰词 encoding scheme

用来帮助解析某个术语值的上下文信息或解析规则。

注:编码修饰词的形式包括受控词表、规范表或者解析规则。

3.8

规范文档 authority file

说明著录元素内容时依据的各种规范。

3.9

复用 reuse

在元数据应用过程中,对于其他元数据标准中已经有明确定义并适用于本应用领域的元素的直接使用,并在使用时明确标明其地址。

4 视频资源著录

4.1 著录单位

视频资源通常是以一个具有独立标识(例如:一个唯一名称、ISRC、URI 等)的视频资源为著录单位。可以是成系列的视频资源、单个视频资源,也可以是从单个视频资源中析出的视频信息。

4.2 著录对象

本标准所指的视频资源包括由视频资源数字化而成的派生视频资源及原生数字视频资源。视频资源的不同对象之间存在包含关系、并列关系、派生关系以及参考关系。

——包含关系。系列视频资源与其所含的具有独立标识的单个视频资源之间,或者单个视频资源与其析出的视频信息之间的关系存在包含关系。在存在包含关系的视频资源之间，宜采用多层次著录的方式，并用“包含”或“包含于”关联方式揭示各个层级视频资源之间的关系。

——并列关系。在同一系列视频资源或视频资源集合中各单个视频资源之间，或者从同一视频资源中析出的各视频信息之间存在并列关系。存在并列关系的视频资源宜分别著录。

——派生关系。视频资源原件与数字化视频资源之间存在派生关系。对数字化的网络视频资源而言，宜以内容表达（作品的知识或艺术的表现）为一个著录单位，即同一数字化出版者或数字化制作者的、同一内容的所有单件（可以是不同格式）为一个著录单位。也可以根据实际应用需求，对视频资源与其有派生关系的形式各自单独进行著录。

——参考关系。一个视频资源与另一个视频资源之间存在的参考或被参考的关系。宜以存在参考关系的视频资源为著录单位分别编制记录，并用“参照”或“被参照”的关联方式揭示参考关系。

5 元素集及扩展原则

5.1 元素集

视频资源元数据集包括18个元素，见表1。如有特别需要，可进行本地扩展。

表1 视频资源元数据元素及修饰词列表

元素	元素修饰词	编码体系修饰词	复用其他标准
题名			dc:title
	并列题名		
	交替题名		
	其他题名信息		
创建者			dc:creator
主题		汉语主题词表（CT） 中国分类主题词表（CCT） 中国图书馆分类法（CLC） 美国国会图书馆主题词表（LCSH） 美国国会图书馆分类法（LCC）	dc:subject
描述			dc:description
	摘要		dcterms:abstract
	目次		dcterms:tableOfContents
	获奖		
出版者			dc:publisher
其他责任者			dc:contributor

表1 视频资源元数据元素及修饰词列表(续)

元素	元素修饰词	编码体系修饰词	复用其他标准
日期		GB/T 7408—2005	dc:date
	创建日期		dcterms:created
	发布日期		dcterms:issued
	可获得日期		dcterms:available
类型		DCMI 类型词表(DCMIType)	dc:type
格式		因特网媒体类型(IMT)	dc:format
	大小		dcterms:extent
	实长		
	入点		
	出点		
	制式		
	画面宽高比		
	声音特征		
	色彩		
	分辨率		
	声道格式		
	音频编码格式		
	音频数据码率		
	音频采样频率		
	音频位深度		
	视频编码格式		
	视频取样格式		
	视频数据码率		
	媒体	因特网资源媒体类型(IMT)	dcterms:medium
标识符		统一资源标识符(URI) 数字对象唯一标识符(DOI) 国际标准音像制品编码(ISRC) 国际标准书号(ISBN)	dc:identifier
来源		URI DOI ISRC ISBN	dc:source
语种			dc:language
	声道语种	GB/T 4880.2—2000 RFC 4646	

表1 视频资源元数据元素及修饰词列表(续)

元素	元素修饰词	编码体系修饰词	复用其他标准
	字幕语种		
关联		URI DOI ISRC ISBN	dc:relation
	原版本		dcterms:isVersionOf
	其他版本		dcterms:hasVersion
	包含		dcterms:hasPart
	包含于		dcterms:isPartOf
	原格式		dcterms:isFormatOf
	其他格式		dcterms:hasFormat
	参照		dcterms:references
	被参照		dcterms:isReferencedBy
时空范围			dc:coverage
	空间范围	DCMI Point GB/T 2659—2000 TGN	dcterms:spatial
	时间范围	DCMI Period GB/T 7408—2005	dcterms:temporal
权限			dc:rights
	版权拥有者		dcterms:rightsHolder
	使用权限		dcterms:accessRights
版本			mods:edition
受众			dcterms:audience
馆藏信息			mods:location

5.2 扩展原则

5.2.1 现有元数据标准中,如果没有恰当的元素可供复用,允许自行扩展元素。

5.2.2 自行扩展的元素不能和已有的元素有任何语义上的重复。

5.2.3 扩展的修饰词必须遵循向上兼容原则,即修饰词在语义上不能超出被修饰词(元素)的语义。

5.2.4 新增加的元素和修饰词须优先采用 DCMI 中的元素和修饰词,或者是现有其他元数据标准中的元素和修饰词。

5.2.5 新增元素如果复用来自其他元数据标准的元素或修饰词,必须说明来源,使用时严格遵循其语义。

6 元素集及元素定义说明

在本标准中,元素名称为小写英文,当名称为两个或两个以上英文单词时,词间应空格,并保证与其他语种的元数据标准(如 DC)应用保持语义一致性;标签为中文,便于人们阅读。

本标准所有元素/修饰词均为非限制性的，如果在特定的项目或应用中使用，可进行必要的扩展，并增加使用说明。本标准中的元素描述及示例中有可能涉及扩展描述。

本标准中的标签只是元素名的一个语义属性，在具体的应用领域，为突出资源的个性和元数据的专指性，更好地体现该元素在具体应用中的语义，允许赋予其适合的标签，但语义上与原始定义不允许有冲突、不允许扩大原始定义的语义。

本标准定义的所有元素与顺序无关。同一元素多次出现，其排序可能是有意义的，但不能保证排序会在任何系统中保存下来。

为了便于理解与使用，每一元素后增加一些示例，说明其具体用法，但元素的使用当不限于示例所举。

为规范元数据标准中元素及修饰词等术语的定义，本标准所有元素术语的定义借鉴 DCMI 术语的定义方法以及 GB/T 18391.3—2009 标准，根据实际使用情况，按表 2 中给出的 14 个方面进行概略定义。

表 2　视频资源元数据标准术语定义

序号	属性名	属性定义	约束
1	名称（Name）	赋予术语的唯一标记，一般为英文小写	必备
2	出处（Defined By）	一般给出定义术语（特别是给出术语“名称”与“统一资源标识符”）的来源名称及来源的 URI。如无来源名称与 URI，也可以是定义术语或维护术语的机构名称。或者也可以是书目引文，指向定义该术语的文献	必备
3	标签（Label）	描述术语的可读标签，一般为中文，可随资源不同选择不同的描述术语	必备
4	定义（Definition）	对术语概念与内涵的说明	必备
5	注释（Comments）	关于术语或其应用的其他说明，如特殊的用法等	可选
6	术语类型（Type of Term）	术语的类型。其值为：元素、元素修饰词和编码体系修饰词	必备
7	限定（Refines）	在定义元素修饰词时，在此明确指出该术语修饰的元素。一般给出所修饰元素的名称，但允许按中文习惯引用其标签，推荐同时给出 URI	有则必备
8	元素修饰词（Refined By）	在定义元素时，在此项中给出限定此元素的元素修饰词。一般给出元素修饰词的名称，但允许按中文习惯引用其标签，推荐同时给出 URI	有则必备
9	编码体系应用于（Encoding Scheme For）	在定义编码体系修饰词时，在此给出该术语修饰的元素。一般给出所修饰元素的名称，但允许按中文习惯引用其标签，推荐同时给出 URI	有则必备
10	编码体系修饰词（Encoding Scheme）	在定义元素时，如果元素有编码体系修饰词，在此给出编码体系修饰词，一般给出术语的名称，推荐同时给出 URI	有则必备
11	数据类型（Data Type）	术语允许取值的数据类型	可选
12	版本（Version）	产生该术语的元数据规范版本	可选

表 2 视频资源元数据标准术语定义(续)

序号	属性名	属性说明	约束
13	语言(Language)	用来说明术语的语言	可选
14	频次范围(Occurrence)	术语使用的频次范围。采用区间的表示方法:[min, max],同时包括了对必备性和最大使用频次的定义。min =0 表示可选;min =1 表示必备;max = 10 表示最大使用频率为 10 次;max = ∞ 表示最大使用频次没有限制	可选
注:为了便于广泛使用,元数据标准应该定义尽量宽泛;其中 8—11 仅在核心集扩展时使用,上述 14 个属性可以固定取值的: a)版本:1.0; b)语言:缺省为简体中文; c)数据类型:字符串; d)频次范围:一般不限,为[0,∞),在制订著录规则时应给出实际的范围。			

7 元素及其修饰词定义

7.1 元素

7.1.1 题名

名称:title

出处:http://dublincore.org/documents/dces/

标签:题名

定义:赋予视频资源的名称。

注释:视频资源的名称,一般指视频资源正式公开的名称,也包括编目员自拟的名称。

术语类型:元素

元素修饰词:并列题名(parallel title);交替题名(alternative);其他题名信息(other title information)

示例:

题名:南征北战

7.1.2 创建者

名称:creator

出处:http://dublincore.org/documents/dces/

标签:创建者

定义:创建视频资源内容的主要责任者。

注释:创建者的实体包括个人、组织或某项服务。通常用创建者的名称来标识这一条目。建议为创建者名称建立规范文档。

术语类型:元素

示例:

创建者:汤一介

7.1.3 主题

名称:subject

出处:http://dublincore.org/documents/dces/

标签:主题

定义:视频资源内容的主题描述。

注释:用受控词汇或非受控词汇标引视频资源的主题。一般采用关键词、规范化的主题词或分类号来描述。描述视频资源时间或空间主题应用“时空范围”元素。

术语类型:元素

编码体系修饰词:CT;CCT;CLC;LCSH;LCC

示例:

主题:喜剧片

编码体系修饰词:CT

7.1.4 描述

名称:description

出处:http://dublincore.org/documents/dces/

标签:描述

定义:视频资源内容的说明。

术语类型:元素

元素修饰词:摘要(abstract);目次(table of contents);获奖(awards)

示例:

描述:洪昭光教授健康生活方式大型讲座

7.1.5 出版者

名称:publisher

出处:http://dublincore.org/documents/dces/

标签:出版者

定义:使视频资源可以获得和利用的责任实体。

注释:出版者包括个人、组织或某项服务。通常用出版者的名称来标识这一元素。

术语类型:元素

示例:

出版者:北京文化艺术音像出版社

7.1.6 其他责任者

名称:contributor

出处:http://dublincore.org/documents/dces/

标签:其他责任者

定义:对视频资源做出贡献的其他责任实体。

注释:其他责任者的实体包括个人、组织或某项服务。通常用其他责任者的名称来标识这一条目。建议为其他责任者名称建立规范文档。具体应用时,宜采用 *UNIMARC Manual: Bibliographic Format* 中“Appendix C: Relator Codes”(附录 C:责任关系词代码)对“其他责任者”元素进行限定。

术语类型:元素

示例:

其他责任者:胡正义

7.1.7 日期

名称:date

出处:http://dublincore. org/documents/dces/

标签:日期

定义:与视频资源生命周期中的一个事件相关的时刻或一段时间。

注释:一般而言,日期应与资源的创建或可获得的日期相关。采用的日期格式应符合 GB/T 7408—2005 标准,建议采用 YYYY - MM - DD 的格式著录。

术语类型:元素

元素修饰词:创建日期(created);发布日期(issued);可获得日期(available)

编码体系修饰词:GB/T 7408—2005

示例:

日期:2011 - 08 - 10

编码体系修饰词:GB/T 7408—2005

7.1.8 类型

名称:type

出处:http://dublincore. org/documents/dces/

标签:类型

定义:视频资源的特征或类型。

注释:类型包括描述资源内容的一般范畴、功能、种属或聚类层次的术语。若要描述资源的文件格式、物理媒体或尺寸规格,宜采用“format”元素。本标准中,建议将类型缺省取值为“视频资源”。也可根据具体应用采用其他编码体系修饰词,例如:DCMI 类型词表(DCMIType)。

术语类型:元素

编码体系修饰词:DCMIType

示例:

类型:视频资源

7.1.9 格式

名称:format

出处:http://dublincore. org/documents/dces/

标签:格式

定义:视频资源的文件格式、物理媒体或尺寸规格。

注释:一般而言,格式可能包括资源的媒体类型或资源的大小,格式元素可以用来决定展示或操作资源所需的软硬件或其他相应设备,其中资源的大小又包括资源所占的存储空间或资源的持续时间(如播放时间)。建议采用来自于受控词表中的值,比如 Internet 媒体类型[MIME]定义的计算机媒体格式。

术语类型:元素

元素修饰词:大小(extent);实长(duration);入点(start point);出点(ending point);制式(system);画面宽高比(aspect ratio);声音特征(sound characteristics);色彩(color);分辨率(resolution);声道格式(audio channel format);音频编码格式(audio coding format);音频数据码率(audio datarate);音频采样频率(audio sampling frequency);音频位深度(audio bit depth);视频编码格式(video coding format);视频取样格式(video sampling type);视频数据码率(video bit rate);媒体(medium)

编码体系修饰词:IMT

示例:

格式:video/mp4

编码体系修饰词:IMT

7.1.10 标识符

名称:identifier

出处:http://dublincore. org/documents/dces/

标签:标识符

定义:在特定上下文环境中,给予视频资源的一个明确的标识。

注释:建议采用符合正式标识体系的字符串进行标识。正式的标识体系包括 URI、DOI 以及 ISBN 等。

术语类型:元素

编码体系修饰词:URI;DOI;ISRC;ISBN

示例:

标识符:CN-A60-02-307-01

编码体系修饰词:ISRC

7.1.11 来源

名称:source

出处:http://dublincore. org/documents/dces/

标签:来源

定义:与当前视频资源来源有关的资源。

注释:当前资源可能部分或全部源自来源元素所标识的资源。建议采用符合正式标识体系的字符串进行标识。

术语类型:元素

编码体系修饰词:URI;DOI;ISRC;ISBN

示例:

来源:CN-A60-02-307-01

编码体系修饰词:ISBN

7.1.12 语种

名称:language

出处:http://dublincore.org/documents/dces/

标签:语种

定义:描述视频资源内容的语种。

注释:建议采用 GB/T 4880.2—2000、RFC 4646 进行标识,也可采用机构自拟的受控词表进行标识。

术语类型:元素

元素修饰词:声道语种(audio channel language);字幕语种(subtitle language)

编码体系修饰词:GB/T4880.2—2000;RFC 4646

示例:

语种:en

编码体系修饰词:RFC 4646

7.1.13 关联

名称:relation

出处:http://dublincore.org/documents/dces/

标签:关联

定义:相关资源。

注释:指明与本视频资源存在某种关系(包括原版本与其他版本、包含与包含于、原格式与其他格式)的其他资源。建议采用符合正式标识体系的字符串进行标识。

术语类型:元素

元素修饰词:原版本(is version of);其他版本(has version);包含(has part);包含于(is part of);原格式(is format of);其他格式(has format);参照(references);被参照(is referenced by)

编码体系修饰词:URI;DOI;ISRC;ISBN

示例:

(题名:辽沈战役)

关联.包含于:大决战

7.1.14 时空范围

名称:coverage

出处:http://dublincore.org/documents/dces/

标签:时空范围

定义:视频资源所涉及的空间或时间主题,即资源所适用的空间或资源所辖的范围。

注释:资源所涉及的空间主题或所适用的空间范围可以是一个地名或地理坐标,时间范围可以是一个时间间隔、日期或日期范围。所辖范围可以是资源所用的行政实体或地理区域。建议采用受控词表，例如地理名称叙词表［TGN］，并应尽可能地使用由数字表示的坐标或日期范围来描述地名与时间段。

术语类型：元素

元素修饰词：空间范围（spatial）；时间范围（temporal）

示例：

时空范围．时间范围：name = 解放战争时期；start：1946；end：1949；

编码体系修饰词：period

7.1.15 权限

名称：rights

出处：http://dublincore.org/documents/dces/

标签：权限

定义：视频资源本身的所有者权利信息以及被赋予的权限信息。

注释：权限信息通常指与资源相关的各种产权声明，包括知识产权。

术语类型：元素

元素修饰词：版权拥有者（right holder）；使用权限（acess rights）。

示例：

权限：北京大学局域网内使用

7.1.16 版本

名称：edition

出处：http://www.loc.gov/standards/mods/mods-outline.html

标签：版本

定义：指明视频资源的版本信息。

注释：某一种视频资源因表演、编辑、制作形式的不同而产生的另一种视频资源，但不包括格式的差别。

术语类型：元素

示例：

版本：精编版

7.1.17 受众

名称：audience

出处：http://purl.org/dc/terms

标签：受众

定义：利用视频资源的各类实体。

术语类型：元素

示例：

受众：专业人员

7.1.18 馆藏信息

名称:location

出处:http://www. loc. gov/standards/mods/mods-outline. html

标签:馆藏信息

定义:视频资源的馆藏信息。

术语类型:元素

示例:

馆藏信息:国家图书馆

7.2 元素修饰词

7.2.1 并列题名

名称:parallel title

出处:国家数字图书馆工程视频资源元数据规范

标签:并列题名

定义:用另一种语言文字表示的题名。

术语类型:元素修饰词

限定:题名(title)

示例:

并列题名:Duan Yan pipa solo concert

7.2.2 交替题名

名称:alternative

出处:国家数字图书馆工程视频资源元数据规范

标签:交替题名

定义:视频资源正式名称的别名。

注释:可替代视频资源正式名称使用的别名,但不包括并列题名。

术语类型:元素修饰词

限定:题名(title)

示例:

交替题名:余文榜私访

注:题名:乌江渡

7.2.3 其他题名信息

名称:other title information

出处:国家数字图书馆工程视频资源元数据规范

标签:其他题名信息

定义:用来限定、补充、解释、说明正式题名的文字。

术语类型:元素修饰词

限定:题名(title)

示例:

其他题名信息:泸剧传统连续剧

注:题名:乌江渡

7.2.4 摘要

名称:abstract

出处:http://purl.org/dc/terms/

标签:摘要

定义:视频资源内容的概要。

术语类型:元素修饰词

限定:描述(description)

示例:

摘要:《黄石公园》讲述了一头小土狼被赶出了狼群,它必须在黄石国家公园这个既美丽又危险的蛮荒地带,学会如何生存。当这头名叫凯因的小土狼展开它的旅程,它将在这块享有美洲塞伦盖提之誉的地方,遭遇大批各式各样的野兽。目睹了黄石国家公园里四季分明的天然美景,从冬天的冲天气泉到夏天的熊熊烈火。凯因一年来艰辛和胜利的冒险旅程,最后以与自己出身相同的狼群对决为结束的高潮。由美国国家地理学会制作的《黄石公园》,将使您亲身体验这壮阔无比的大自然景观。

7.2.5 目次

名称:table of contents

出处:http://purl.org/dc/terms/

标签:目次

定义:视频资源的子单元列表。

术语类型:元素修饰词

限定:描述(description)

示例:

目次:1. 菊花酥;2. 蛋面炸菊花;3. 黄米油糕;4. 山药菜糕

7.2.6 获奖

名称:awards

出处:国家数字图书馆工程视频资源元数据规范

标签:获奖

定义:视频资源的获奖情况。

注释:包括作品获奖、个人获奖以及团体获奖。一般描述资源所获奖项的名称、所获奖项的项目名称、获奖者、获奖年度或届次、颁奖日期。

术语类型:元素修饰词

限定:描述(description)

示例:

获奖:2008 年,《贫民窟的百万富翁》获第 33 届多伦多国际电影节"人民选择奖"。2009 年,《贫民窟的百万富翁》获第81届奥斯卡最佳影片奖。2009年,《贫民窟的百万富翁》获第81届奥斯卡最佳改编剧本奖。2009年,《贫民窟的百万富翁》获第81届奥斯卡最佳电影剪辑奖。2009年,《Jai Ho》获第81届奥斯卡最佳原创歌曲奖。2009年,《贫民窟的百万富翁》获第81届奥斯卡最佳原创音乐奖。2009年,《贫民窟的百万富翁》获第81届奥斯卡最佳音效合成奖。2009年,《贫民窟的百万富翁》获第81届奥斯卡最佳摄影奖。2009年,丹尼·保尔(Danny Boyle)获第81届奥斯卡最佳导演奖。

7.2.7 创建日期

名称:created

出处:http://purl.org/dc/terms/

标签:创建日期

定义:视频资源创建的日期。

术语类型:元素修饰词

限定:日期(date)

编码体系修饰词:GB/T7408—2005

示例:

创建日期:2011-08-20

编码体系修饰词:GB/T7408—2005

7.2.8 发布日期

名称:issued

出处:http://purl.org/dc/terms/

标签:发布日期

定义:视频资源正式发布(例如出版)的日期。

注释:供数字化的网络视频资源使用。

术语类型:元素修饰词

限定:日期(date)

编码体系修饰词:GB/T 7408—2005

示例:

发布日期:2011-10-16

编码体系修饰词:GB/T 7408—2005

7.2.9 可获得日期

名称:available

出处:http://purl.org/dc/terms/

标签:可获得日期

定义:音频资源将在这段时间内可以获得或曾经可以获得(通常是一个时间区间)。

术语类型:元素修饰词

限定:日期(date)

编码体系修饰词:GB/T7408—2005

示例：

可获得日期:2000－08－08/2010－08－07

7.2.10 大小

名称:extent

出处:http://purl.org/dc/terms/

标签:大小

定义:视频资源的大小。

术语类型:元素修饰词

限定:格式(format)

示例：

大小:10MB

7.2.11 实长

名称:duration

出处:国家数字图书馆工程视频资源元数据规范

标签:实长

定义:播放视频资源正式有效内容的实际时间长度。

注释:建议采用 hh:mm:ss 的格式著录。

术语类型:元素修饰词

限定:格式(format)

示例：

实长:04:50:00

7.2.12 入点

名称:starting point

出处:国家数字图书馆工程视频资源元数据规范

标签:入点

定义:视频资源正式有效内容的起始点时间。

注释:建议采用 hh:mm:ss 的格式著录。

术语类型:元素修饰词

限定:格式(format)

示例：

入点:00:00:00

7.2.13 出点

名称:ending point

出处:国家数字图书馆工程视频资源元数据规范

标签:出点

定义:视频资源正式有效内容的结束点时间。

注释:建议采用的出点格式应符合 GB/T 7408—2005 规范,并使用 hh:mm:ss 的格式著录。

术语类型:元素修饰词

限定:格式(format)

示例:

出点:00:05:10

7.2.14 制式

名称:system

出处:国家数字图书馆工程视频资源元数据规范

标签:制式

定义:发送端和接收端共同采用的特定的信号处理方式,主要包括图像信号的形式、传送和图像重现的方法。

术语类型:元素修饰词

限定:格式(format)

示例:

制式:PAL

7.2.15 画面宽高比

名称:aspect ratio

出处:国家数字图书馆工程视频资源元数据规范

标签:画面宽高比

定义:视频资源显示画面的宽度与高度之比。

术语类型:元素修饰词

限定:格式(format)

示例:

画面宽高比:4:3

7.2.16 声音特征

名称:sound characteristics

出处:国家数字图书馆工程视频资源元数据规范

标签:声音特征

定义:视频资源的声音特征。

术语类型:元素修饰词

限定:格式(format)

示例:

声音特征:有声

7.2.17 色彩

名称:color

出处:国家数字图书馆工程视频资源元数据规范

标签:色彩

定义:描述视频资源主要内容显现的色彩种类。

术语类型:元素修饰词

限定:格式(format)

示例:

色彩:彩色

7.2.18 分辨率

名称:resolution

出处:国家数字图书馆工程视频资源元数据规范

标签:分辨率

定义:反映显示器件、光学器件等的精细程度和分辨能力。

术语类型:元素修饰词

限定:格式(format)

示例:

分辨率:320×240

7.2.19 声道格式

名称:audio channel format

出处:国家数字图书馆工程视频资源元数据规范

标签:声道格式

定义:描述视频资源声音通道之间的关系。

术语类型:元素修饰词

限定:格式(format)

示例:

声道格式:立体声

7.2.20 音频编码格式

名称:audio coding format

出处:国家数字图书馆工程视频资源元数据规范

标签:音频编码格式

定义:数字音频采样序列的编码格式。

注释:仅供数字视频资源使用,元素修饰词的取值建议采用 PCM、MPEG1 Layer1、MPEG1 Layer2、MPEG1 Layer3、MPEG2 Layer1、MPEG2 Layer2、MPEG2 Layer3、OGG、MPC。

术语类型:元素修饰词

限定:格式(format)

示例:

音频编码格式:MPEG1 Layer3

7.2.21 音频数据码率

名称:audio data rate

出处:国家数字图书馆工程视频资源元数据规范

标签:音频数据码率

定义:音频数据码流的每秒传输比特值。

注释:供数字视频资源使用。

术语类型:元素修饰词

限定:格式(format)

示例:

音频数据码率:128 Kbps

7.2.22 音频采样频率

名称:audio sampling frequency

出处:国家数字图书馆工程视频资源元数据规范

标签:音频采样频率

定义:视频资源数字化时的音频采样频率(或称取样率)。

注释:供数字视频资源使用。

术语类型:元素修饰词

限定:格式(format)

示例:

音频采样频率:44.1KHz

7.2.23 音频位深度

名称:audio bit depth

出处:国家数字图书馆工程视频资源元数据规范

标签:音频位深度

定义:视频资源数字化时,样本音频信息使用的比特数,也称为声音样本量的量化深度。

注释:供数字视频资源使用。

术语类型:元素修饰词

限定:格式(format)

示例:

音频位深度:16bit

7.2.24 视频编码格式

名称:video coding format

出处:国家数字图书馆工程视频资源元数据规范

标签:视频编码格式

定义:视频数字化的编码方式。

注释:供数字视频资源使用。

术语类型:元素修饰词

限定:格式(format)

示例:

视频编码格式:RV40

7.2.25 视频取样格式

名称:video sampling type

出处:国家数字图书馆工程视频资源元数据规范

标签:视频取样格式

定义:视频信息编码时,编码信息从原始图像信息中取样的方式。

注释:供数字视频资源使用。

术语类型:元素修饰词

限定:格式(format)

示例:

视频取样格式:4∶1∶1

7.2.26 视频数据码率

名称:video bit rate

出处:国家数字图书馆工程视频资源元数据规范

标签:视频数据码率

定义:视频数据码流的每秒传输比特值。

注释:供数字视频资源使用。

术语类型:元素修饰词

限定:格式(format)

示例:

视频数据码率:12 Mb/s

7.2.27 媒体

名称:medium

出处:http://purl.org/dc/terms/

标签:媒体

定义:视频资源的物理载体或组成材料。

术语类型:元素修饰词

限定:格式(format)

编码体系修饰词:IMT

示例:

媒体:video/mp4

编码体系修饰词:IMT

7.2.28 声道语种

名称:audio channel language

出处:国家数字图书馆工程视频资源元数据规范

标签:声道语种

定义:视频资源的声音通道的语种名称。

注释:建议采用 GB/T 4880.2—2000、RFC 4646,也可采用机构自拟的受控词表进行标识。

术语类型:元素修饰词

限定:语种(language)

编码体系修饰词:GB/T4880.2—2000;RFC4646

示例:

声道语种:英语

7.2.29 字幕语种

名称:subtitle language

出处:国家数字图书馆工程视频资源元数据规范

标签:字幕语种

定义:视频资源字幕的语种名称。

注释:建议采用 GB/T 4880.2—2000、RFC 4646,也可采用机构自拟的受控词表进行标识。

术语类型:元素修饰词

限定:语种(language)

编码体系修饰词:GB/T 4880.2—2000;RFC 4646

示例:

字幕语种:chi

编码体系修饰词:GB/T 4880.2—2000

7.2.30 原版本

名称:is version of

出处:http://purl.org/dc/terms/

标签:原版本

定义:说明另一资源是本视频资源的原版本。

术语类型:元素修饰词

限定:关联(relation)

编码体系修饰词:URI;DOI;ISRC;ISBN

示例:

原版本:南征北战.1952 年版

7.2.31 其他版本

名称:has version

出处:http://purl.org/dc/terms/

标签:其他版本

定义:说明另一资源是本视频资源的不同版本。

术语类型:元素修饰词

限定:关联(relation)

编码体系修饰词:URI;DOI;ISRC;ISBN

示例:

其他版本:南征北战.1974年版

7.2.32 包含

名称:has part

出处:http://purl.org/dc/terms/

标签:包含

定义:说明视频资源在物理上或逻辑上包含了另一资源。

注释:对于成系列的视频资源,可根据实际需求采用多层次著录,在系列视频资源与其所属的单个资源之间用"包含"的关联方式建立联系。

术语类型:元素修饰词

限定:关联(relation)

编码体系修饰词:URI;DOI;ISRC;ISBN

示例:

包含:敦煌莫高窟

注:题名:中华传统文化

7.2.33 包含于

名称:is part of

出处:http://purl.org/dc/terms/

标签:包含于

定义:说明本视频资源是另一资源的物理或逻辑组成部分。

注释:对于成系列的视频资源,可根据实际需求采用多层次著录。在单个视频资源与其所属的系列视频资源之间用"包含于"建立联系。

术语类型:元素修饰词

限定:关联(relation)

编码体系修饰词:URI;DOI;ISRC;ISBN

示例:

包含于:中华传统文化

注:题名:敦煌莫高窟

7.2.34 原格式

名称:is format of

出处:http://purl.org/dc/terms/

标签:原格式

定义:说明本视频资源派生自另一资源,其内容相同,仅以不同的格式存在。

注释:对数字化的网络视频资源而言,建议以内容表达(作品的知识或艺术的表现)为一个著录单位,即同一数字化出版者或数字化制作者的、同一内容的所有单件(可以是不同格式)为一个著录单位。如根据实际应用需求,对同一数字化出版者或数字化制作者的、同一内容、不同格式的视频资源分别进行单独著录时,可在此处著录某一视频资源的原格式资源。

术语类型:元素修饰词

限定:关联(relation)

编码体系修饰词:URI;DOI;ISRC;ISBN

示例:

原格式:978 -7 -88541 -416 -0

编码体系修饰词:ISBN

7.2.35 其他格式

名称:has format

出处:http://purl. org/dc/terms/

标签:其他格式

定义:说明另一资源派生自本视频资源,其内容相同,仅以不同的格式存在。

注释:对数字化的网络视频资源而言,建议以内容表达(作品的知识或艺术的表现)为一个著录单位即同一数字化出版者或数字化制作者的、同一内容的所有单件(可以是不同格式)为一个著录单位。如,根据实际应用需求,分别对同一数字化出版者或数字化制作者的、同一内容、不同格式的视频资源进行单独著录时,可在此处著录某一视频资源的其他格式资源。

术语类型:元素修饰词

限定:关联(relation)

编码体系修饰词:URI;DOI;ISRC;ISBN

示例:

其他格式:http://www. bjgxgc. cn/shipinbof/video. asp? txtPage = 1&txtName = &channel = 少儿视频 &leixingg = 100&docidd =4125

编码体系修饰词:URI

7.2.36 参照

名称:references

出处:http://purl. org/dc/terms/

标签:参照

定义:说明本视频资源参照、引用或以其他方式指向另一资源。

术语类型:元素修饰词

限定:关联(relation)

编码体系修饰词:URI;DOI;ISRC;ISBN

示例:

参照:CN-A02-09-0106-0

编码体系修饰词:ISRC

注:在编视频资源用了资源 CN-A02-09-0106-0 中的个别视频信息。

7.2.37 被参照

名称:is referenced by

出处:http://purl.org/dc/terms/

标签:被参照

定义:说明另一资源参照、引用或以其他方式指向本视频资源。

术语类型:元素修饰词

限定:关联(relation)

编码体系修饰词:URI;DOI;ISRC;ISBN

示例:

被参照:CN-A74-07-0026-0

编码体系修饰词:ISRC

注:在编视频资源中的个别视频信息被资源 CN-A74-07-0026-0 所用。

7.2.38 空间范围

名称:spatial

出处:http://purl.org/dc/terms/

标签:空间范围

定义:视频资源知识内容涉及的空间特征。

术语类型:元素修饰词

限定:时空范围(coverage)

编码体系修饰词:point;GB/T2659—2000;TGN

示例:

空间范围:name=长春; east=43.88; north=125.35

编码体系修饰词:point

7.2.39 时间范围

名称:temporal

出处:http://purl.org/dc/terms/

标签:时间范围

定义:视频资源知识内容涉及的时间特征。

术语类型:元素修饰词

限定:时空范围(coverage)

编码体系修饰词:period;GB/T7408

示例:

时间范围:name=淮海战役; start:1948; end:1949;

编码体系修饰词:period

7.2.40 版权拥有者

名称:rights holder

出处:http://purl. org/dc/terms/

标签:版权拥有者

定义:拥有视频资源版权的个人或团体。

术语类型:元素修饰词

限定:权限(rights)

示例:

版权拥有者:中国国家图书馆

7.2.41 使用权限

名称:access rights

出处:http://purl. org/dc/terms/

标签:使用权限

定义:被授权可以使用视频资源的个人、机构的职权范围以及对资源密级状态的说明。

术语类型:元素修饰词

限定:权限(rights)

示例:

使用权限:北京大学局域网内

7.3 编码体系修饰词

7.3.1 汉语主题词表

名称:CT

出处:中国科学技术情报研究所,北京图书馆. 汉语主题词表. 北京:科学技术文献出版社,1979

标签:汉语主题词表

定义:汉语主题词表。

术语类型:编码体系修饰词

编码体系应用于:主题(subject)

示例:

主题:通货膨胀

编码体系修饰词:CT

7.3.2 中国分类主题词表

名称:CCT

出处:中国图书馆分类法编辑委员会. 中国分类主题词表. 第2版. 北京:北京图书馆出版社,2005

标签:中国分类主题词表

定义:中国分类主题词表。

术语类型:编码体系修饰词

编码体系应用于:主题(subject)

示例:

主题:地方戏

编码体系修饰词:CCT

7.3.3 中国图书馆分类法

名称:CLC

出处:国家图书馆. 中国图书馆分类法. 第5版. 北京: 国家图书馆出版社,2010

标签:中国图书馆分类法

定义:中国图书馆分类法。

术语类型:编码体系修饰词

编码体系应用于:主题(subject)

示例:

主题:I236.67

编码体系修饰词:CLC

7.3.4 美国国会图书馆主题词表

名称:LCSH

出处:http://classificationweb.net/

标签:美国国会图书馆主题词表

定义:美国国会图书馆主题词表。

术语类型:编码体系修饰词

编码体系应用于:主题(subject)

示例:

主题:Motion picture-United States-History

编码体系修饰词:LCSH

7.3.5 美国国会图书馆分类表

名称:LCC

出处:http://classificationweb.net/

标签:美国国会图书馆分类表

定义:美国国会图书馆分类表。

术语类型:编码体系修饰词

编码体系应用于:主题(subject)

示例:

主题:DVA5401

编码体系修饰词:LCC

7.3.6 GB/T 7408—2005

名称:GB/T 7408—2005

出处:GB/T 7408—2005 数据元和交换格式　信息交换　日期和时间表示法

标签:GB/T 7408—2005

定义:GB/T 7408—2005 标准中在信息交换中所涉及的日期和时间表示法。

术语类型:编码体系修饰词

编码体系应用于:日期(date);创建日期(created);发布日期(issued);可获得日期(available);时间范围(temporal)

示例:

发布日期:2011-08-20

编码体系修饰词:GB/T 7408—2005

7.3.7 DCMI 类型词表

名称:DCMIType

出处:http://purl.org/dc/terms/

标签:DCMI 类型词表

定义:用来对资源内容的性质或种类进行分类的类型词汇列表。

术语类型:编码体系修饰词

编码体系应用于:类型(type)

示例:

类型:Moving Image

编码体系修饰词:DCMIType

7.3.8 因特网资源媒体类型

名称:IMT

出处:http://www.iana.org/assignments/media-type/index.html

标签:因特网媒体类型

定义:资源互联网媒体类型。

术语类型:编码体系修饰词

编码体系应用于:格式(format);媒体(medium)

示例:

媒体:video/mp4

编码体系修饰词:IMT

7.3.9 统一资源标识符

名称:URI

出处:http://www.ietf.org/rfc/rfc3986.txt

标签:URI

定义:统一资源标识符(Uniform Resource Identifiers,简称 URI)。

术语类型:编码体系修饰词

编码体系应用于:标识符(identifier);来源(source);关联(relation);原版本(is version of);其他版本

（has version）；包含（has part）；包含于（is part of）；原格式（is format of）；其他格式（has format）；参照（references）；被参照（is referenced by）。

示例：

标识符：http://space. tv. cctv. com/video/VIDE1260015602137884

编码体系修饰词：URI

7.3.10 数字资源唯一标识符

名称：DOI

出处：http://www. doi. org/

标签：DOI

定义：数字资源唯一标识符（Digital Object Identifier，简称 DOI）。

术语类型：编码体系修饰词

编码体系应用于：标识符（identifier）；来源（source）；关联（relation）；原版本（is version of）；其他版本（has version）；包含（has part）；包含于（is part of）；原格式（is format of）；其他格式（has format）；参照（references）；被参照（is referenced by）。

示例：

标识符：10. 3207/2959859860

编码体系修饰词：DOI

7.3.11 国际标准音像制品编码

名称：ISRC

出处：http://www. iso. org/iso/catalogue_detail? csnumber = 23401

标签：国际标准音像制品编码

定义：国际标准音像制品编码（International Standard Recording Code，简称 ISRC）。

术语类型：编码体系修饰词

编码体系应用于：标识符（identifier）；来源（source）；关联（relation）；原版本（is version of）；其他版本（has version）；包含（has part）；包含于（is part of）；原格式（is format of）；其他格式（has format）；参照（references）；被参照（is referenced by）。

示例：

标识符：CN - E22 - 04 - 0306 - 0

编码体系修饰词：ISRC

7.3.12 国际标准书号

名称：ISBN

出处：http://www. isbn. org/standare/home/isbn/international/index. asp

标签：国际标准书号

定义：国际标准书号（International Standard Book Number，简称 ISBN）。

术语类型：编码体系修饰词

编码体系应用于：标识符（identifier）；来源（source）；关联（relation）；原版本（is version of）；其他版本

(has version);包含(has part);包含于(is part of);原格式(is format of);其他格式(has format);参照(references);被参照(is referenced by)。

示例:

标识符:7 - 88000 - 781 - 4

编码体系修饰词:ISBN

7.3.13 GB/T 4880.2—2000

名称:GB/T 4880.2—2000

出处:GB/T 4880.2—2000 语种名称代码　第2部分:3字母代码

标签:GB/T 4880.2—2000

定义:GB/T 4880.2—2000 标准中的3字母语种识别代码。

术语类型:编码体系修饰词

编码体系应用于:语种(language);声道语种(audio channel language);字幕语种(subtitle language)

示例:

字幕语种:chi

编码体系修饰词:GB/T 4880.2—2000

7.3.14 RFC 4646

名称:RFC4646

出处:http://www.ietf.org/rfc/rfc4646.txt

标签:RFC 4646

定义:根据 RFC 4646 确定的语种识别标签集合。

术语类型:编码体系修饰词

编码体系应用于:语种(language);声道语种(audio channel language);字幕语种(subtitle language)

示例:

语种:en

编码体系修饰词:RFC4646

7.3.15 DCMI Point

名称:point

出处:http://purl.org/dc/terms/

标签:DCMI Point

定义:DCMI 地理位置,用地理坐标值来指明地点。

术语类型:编码体系修饰词

编码体系应用于:空间范围(spatial)

示例:

空间范围:name = 长春; east = 43.88; north = 125.35

编码体系修饰词:point

7.3.16 GB/T 2659—2000

名称:GB/T 2659—2000

出处:GB/T 2659—2000 世界各国和地区名称代码

标签:GB/T 2659—2000

定义:GB/T 2659—2000 标准中的国家和地区代码。

术语类型:编码体系修饰词

编码体系应用于:空间范围(spatial)

示例:

空间范围:CA

编码体系修饰词:GB/T 2659—2000

7.3.17 TGN

名称:TGN

出处:http://www.getty.edu/research/tools/vocabulary/tgn/index.html

标签:TGN

定义:Getty 地理名称叙词表。

术语类型:编码体系修饰词

编码体系应用于:空间范围(spatial)

示例:

空间范围:Beijing (inhabited place) (World, Asia, China, Beijing Shi) [7001758]

编码体系修饰词:TGN

7.3.18 DCMI Period

名称:period

出处:http://purl.org/dc/terms/

标签:DCMI Period

定义:表示时间间隔的一种方法。

术语类型:编码体系修饰词

编码体系应用于:时间范围(spatial)

示例:

时间范围:name = 淮海战役; start:1948; end:1949

编码体系修饰词:period

参考文献

[1] 全国信息与文献标准化技术委员会.GB/T 25100—2010 信息与文献 都柏林核心元数据元素集[S].北京:国家图书馆出版社,2010

[2] 肖珑,申晓娟.国家图书馆元数据应用总则规范汇编[M].北京:国家图书馆出版社,2011

ISBN 978-7-5013-5757-4

定价：20.00 元